I0821455

El tapir
Animales de la Selva Amazónica
Katie Gillespie
EYEDISCOVER

Ve a www.eyediscover.com e ingresa el código único de este libro.

CÓDIGO DEL LIBRO

AVU67484

EYEDISCOVER te trae libros mejorados por multimedia que apoyan el aprendizaje activo.

Published by AV² by Weigl
350 5th Avenue, 59th Floor New York, NY 10118
Website: www.eyediscover.com

Library of Congress Control Number: 2018942809

ISBN 978-1-4896-8211-6 (hardcover)

Printed in the United States of America
in Brainerd, Minnesota
1 2 3 4 5 6 7 8 9 0 22 21 20 19 18

052018
011618

English Editor: Katie Gillespie
Spanish Editor: Ana María Vidal
Designer: Mandy Christiansen
Spanish/English Translator: Translation Services USA

Weigl acknowledges Getty Images, Alamy, and Shutterstock as the primary image suppliers for this title.

EYEDISCOVER proporciona contenido enriquecido, optimizado para el uso en tabletas, que complementa este libro. Los libros de EYEDISCOVER se esfuerzan por crear un aprendizaje inspirado e involucrar a las mentes jóvenes en una experiencia de aprendizaje total.

Mira
El contenido de video da vida a cada página.

Navega
Las miniaturas simplifican la navegación.

Lee
Sigue el texto en la pantalla.

Escucha
Escucha cada página leída en voz alta.

Tu EYEDISCOVER con Seguimiento de Lectura Óptico cobra vida con...

Audio
Escucha todo el libro leído en voz alta.

Video
Los videos de alta resolución convierten cada hoja en un seguimiento de lectura óptico.

OPTIMIZADO PARA

- TABLETAS
- PIZARRAS ELECTRÓNICAS
- COMPUTADORES
- ¡Y MUCHO MÁS!

El tapir

En este libro, aprenderás sobre

- cómo me veo
- dónde vivo
- qué como

¡y mucho más!

Yo soy un tapir.

Yo soy un animal grande con pelo oscuro erizado. Tengo ojos pequeños y orejas cortas y redondas.

Me llamaban cría cuando era bebé. Tenía rayas y manchas en todo mi cuerpo.

Tengo un hocico largo como la trompa de un elefante. Me ayuda a oler y comer.

Paso la mayor parte del tiempo buscando comida.

Como muchos tipos diferentes de plantas. Las hojas son mi comida favorita.

Me encanta estar en el agua. Soy muy bueno para nadar.

Puedo permanecer bajo el agua por mucho tiempo. Esto me ayuda a mantenerme a salvo y fresco.

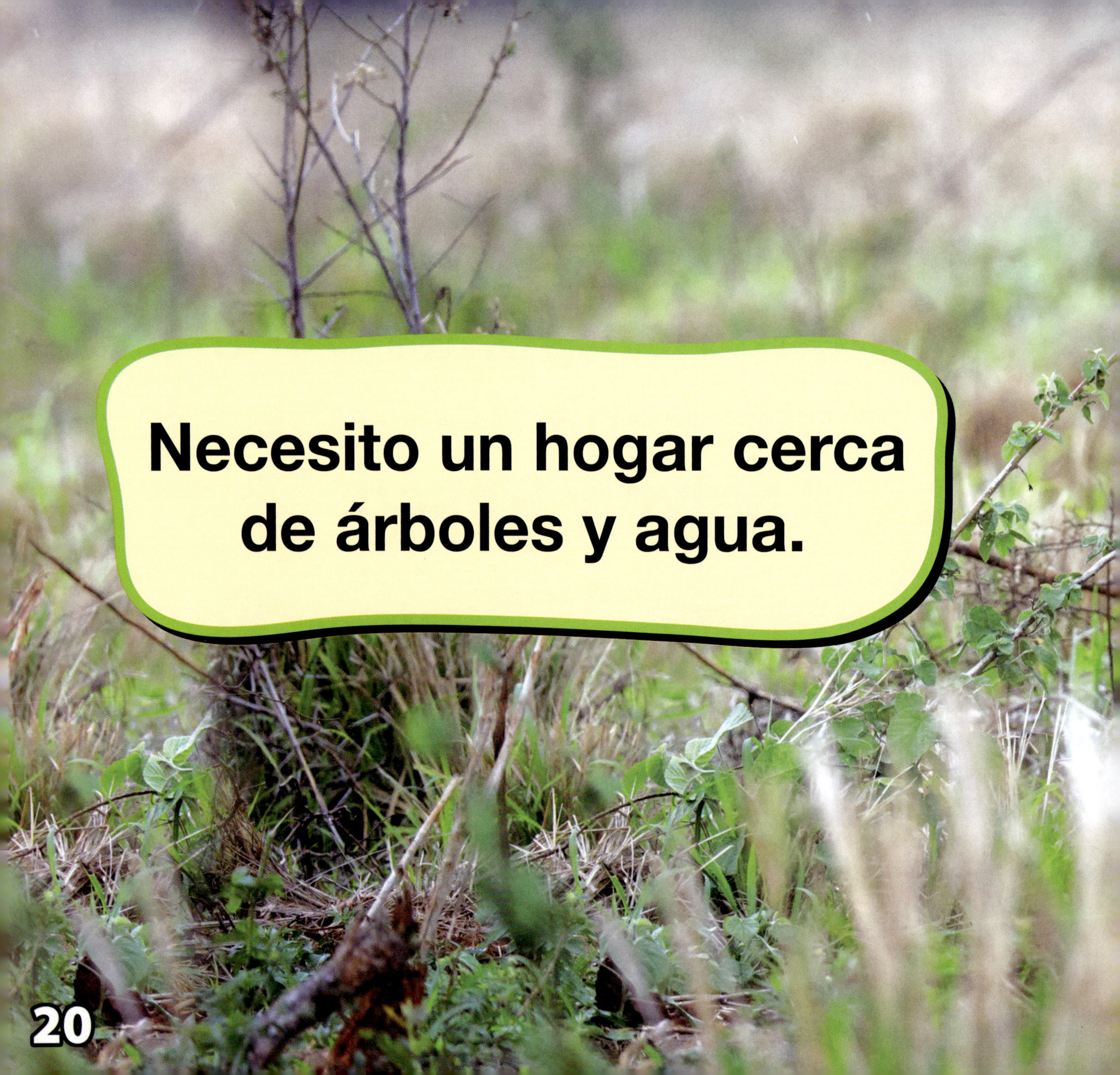

Necesito un hogar cerca
de árboles y agua.

Los tapires pueden usar su **hocico** como un **esnórquel** en el agua.

Los tapires han vivido en la tierra durante **20** millones de años.

Había tapires viviendo en el **sur de California** hace unos **10,000** años.

Los tapires están **relacionados** con los caballos y los rinocerontes.

Un **grupo** de tapires se llama **manada.**

Los tapires pueden hacer un **silbido como chirridos** de frenos de automóviles.

Hay **5** especies diferentes de **tapires**.

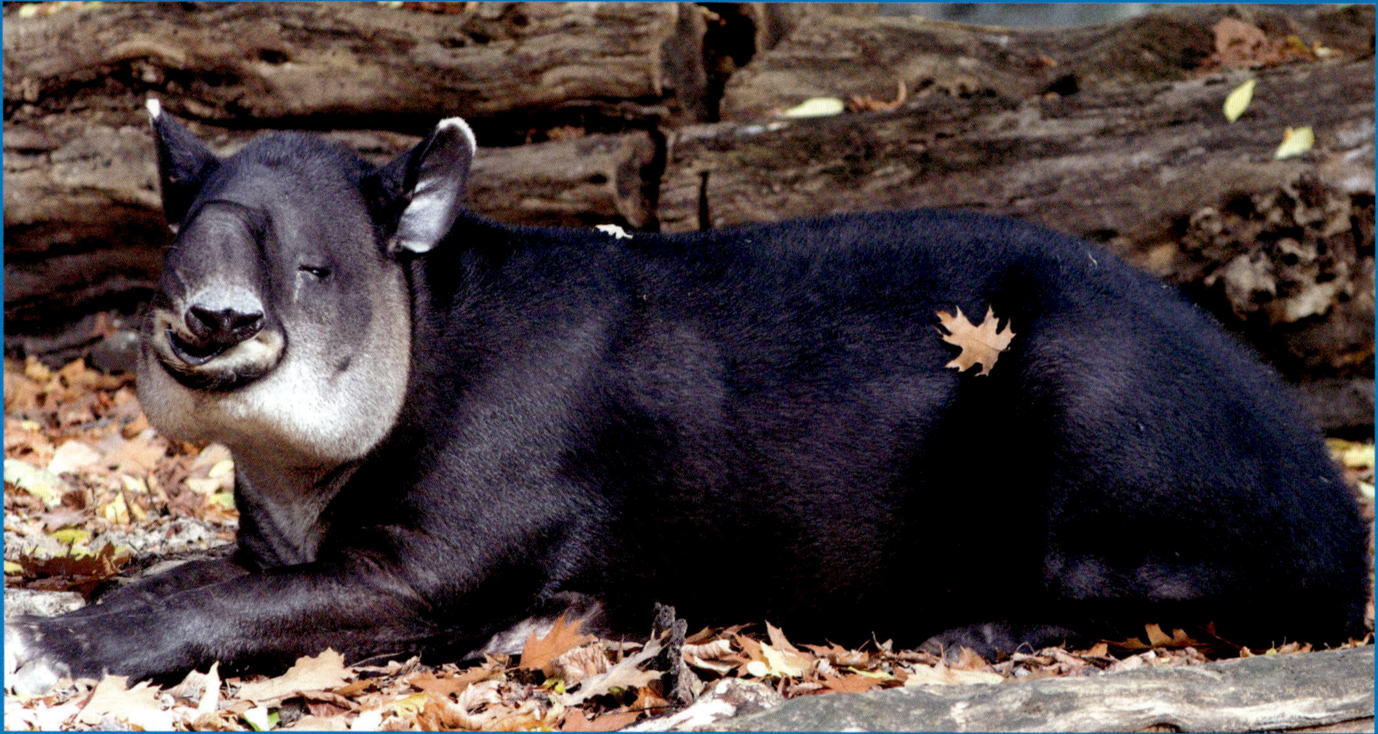

Mira
El contenido de video da vida a cada página.

Navega
Las miniaturas simplifican la navegación.

Lee
Sigue el texto en la pantalla.

Escucha
Escucha cada página leída en voz alta.

Ve a www.eyediscover.com e ingresa el código único de este libro.

CÓDIGO DEL LIBRO

AVU67484